स्पंदन

अंशुल साव " यायावर "

Copyright © Anshul Sao
All Rights Reserved.

This book has been published with all efforts taken to make the material error-free after the consent of the author. However, the author and the publisher do not assume and hereby disclaim any liability to any party for any loss, damage, or disruption caused by errors or omissions, whether such errors or omissions result from negligence, accident, or any other cause.

While every effort has been made to avoid any mistake or omission, this publication is being sold on the condition and understanding that neither the author nor the publishers or printers would be liable in any manner to any person by reason of any mistake or omission in this publication or for any action taken or omitted to be taken or advice rendered or accepted on the basis of this work. For any defect in printing or binding the publishers will be liable only to replace the defective copy by another copy of this work then available.

विश्व के समस्त हिंदी साहित्य प्रेमियों को;

माता ,पिता ,परिवारजनों एवं इष्ट मित्रों को ।

क्रम-सूची

भूमिका	vii
पावती (स्वीकृति)	ix
1. किवाड़	1
2. तोहमतें	2
3. मज़ा	3
4. लोग	4
5. वास्ता	5
6. निशाँ	6
7. ख़ता	7
8. अप्सरा	8
9. परछाई	9
10. मृणाल	10
11. पस्त	11
12. फ़लसफ़ा	12
13. अंतर	13
14. अभ्यर्थना	14
15. साथ	15
16. बेचैनी	16
17. तुम्हे लड़ना होगा	17
18. कांच	18
19. वस्ल	19
20. बेबस	20
21. दीद	21
22. ख़लिश	22

• v •

क्रम-सूची

23. बेनजीर	23
24. खोल दो	24
25. खुमारी	25
26. प्यार करो	26
27. होली	27
28. मलाल	28
29. क्यों नहीं होते	29
30. दस्तूर	30
31. दयार	31
32. शैदाई	32
33. सोचता हूँ	33
34. नहीं होता	34
35. अमृत	35
36. दुनियादारी	36
37. आज	37
38. मंजर	38
39. क्या मिलेगा	39
40. ताना बाना	40
41. राज़	41
42. रस्साकशी	42
43. शिक़स्त	43
44. क्या करे ?	44
45. मैं कौन हूँ	45
पुस्तक के बारे में	47

भूमिका

मेरे लिए कविताएं तन्हाई काटने का माध्यम है ,खुद से जुड़ने का जरिया है।जब कोई कहंने सुनने बोलने वाला नहीं होता तो बस डायरी और कलम ही सहारा देती है। कविता और सरिता प्रायः एक सामान ही होते है ,चलायमान और प्रवाहमान। कविताएं व्यक्ति के जीवन के प्रवाह का प्रतिबिम्ब है। जब तक जीवन है तब तक उसकी बानगी है। जैसे बीज में स्पंदन होने पर ही पौधा प्रस्फुटित होता है ठीक उसी प्रकार हृदय में स्पंदन होने पर गीत ,संगीत और कविता का उदय होता है। इसलिए पुस्तक का शीर्षक है "स्पंदन"।

"स्पंदन" हिंदी उर्दू में लिखी कविताओं का संकलन है ,जिसमे भिन्न स्वर ,भिन्न भाव ,भिन्न स्वाद आपको देखने मिलेगी। हृदय और मन में उठने वाली तरंगो को अलफ़ाज़ की शकल देने का प्रयास है "स्पंदन"। आशा और उम्मीद है की ये पुस्तक सुधि पाठकों के अंतरतम में उतर पाएगी।

पावती (स्वीकृति)

इस पुस्तक के मुख पृष्ट के डिज़ाइन और साज सज्जा के लिए मैं अपने प्रिय मित्र श्रीप्रणीत पांडे का आभारी हूँ, जिनके अथक परिश्रम से किताब को ये कलेवर मिला है।

पुस्तक के सम्बन्ध में अन्य कीमती सुझावों के लिए सुश्री अनिंदिता दुले का आभार।

1. किवाड़

जो कहा नहीं कहना चाहता हूँ ,
दिल के किवाड़ खोलना चाहता हूँ।
तुमने कभी मेरी कैफियत नहीं जानी,
की किस हाल में मैं जीना चाहता हूँ।
जो लिखा नहीं लिखना चाहता हूँ ,
द्वार भावनाओं के खोलना चाहता हूँ।
मेरे अंदर भी एक समुद्र हिलोरे लेता है ,
कभी बनो तुम पूर्णिमा का चाँद,
तुम्हारे हर पहलु को ,
मैं भिगोना चाहता हूँ।
मैं भी हूँ अधूरा ,
कहीं कहीं पर टूटा,
मिलके तुमसे जुड़कर तुमसे ,
पूरा होना चाहता हूँ।

2. तोहमतें

मैंने कभी प्यार किया नहीं ,
जाम वफ़ा का पिया नहीं।
लग गयी तोहमतें मुझपर ,
उन जुर्मो की ,
जो मैंने कभी किया नहीं।
इश्क़ को ताबीज़ बना कर ,
पहना तो मैंने गले में ,
पर पी से इज़हार -ए - वस्ल ,
मैंने कभी किया नहीं ।
लोग कहते है की ,
"यायावर" है बड़ा गुमसुम ,
कौन उन्हें बताये ,
क्या क्या हमने किया नहीं।

- इज़हार - ए - वस्ल :- प्यार को जाहिर करना ,प्रेम प्रगट करना

3. मज़ा

बिना संघर्ष के जीतने में मज़ा क्या है ,
तनहा जाम चखने में मज़ा क्या है।
जिंदगी तो है चलने का नाम ,
रुक जाने में,ठहर जाने में मज़ा क्या है ?
गिरना फिसलना तो है ,
सफर के हिस्से।
इनसे घबराने में ,
मज़ा क्या है ?
दुश्मन जब हो सामने ,
तो सहम जाने में मज़ा क्या है।
मुसीबतों से आँख चुराने में ,
मज़ा क्या है ?
मज़ा तो है ,
अपनी मौज में जीना।
हर गम ,हर आँसू,
हँसके पीना।
गाड़ दो परचम तुम ,
बहाके पसीना।
आखिर घुट घुट के जीने में ,
मज़ा क्या है ?

4. लोग

लोग कितने नकली है ,
लोग कितने मतलबी है।
सामने करते खैर मकदम ,
पीछे घोपते छुरी है।
जब निकले स्वार्थ तो
याद आजाते है सारे रिश्ते।
जब होजाये काम ,
तो बन जाते अजनबी है।
करते है आदर्श और चरित्र की बातें ,
और करते खुद जुर्म संगीन है। (लोग कितने नकली है......)

- *खैर मक़दम - स्वागत*

5. वास्ता

मैं कैसे मान लूँ ,
की आगे रास्ता नहीं है।
कैसे सोच लूँ की ,
तुझसे वास्ता नहीं है।
कैसे मैं मान लूँ की ,
तेरी बातें बस दिल्लगी थी,
जो जाके मेरे दिल में लगी थी।
कैसे इत्मीनान से बैठ जाऊं,
लम्बी सांस भरकर।
कैसे भूला दूँ ,
तुम्हारा वो मृदुल चेहरा।

6. निशाँ

मैं पीता हूँ ताकि तेरी याद न रहे ,
तिश्नगी में जलते हम यार न रहे।
रहे बस नीम बेहोशी ,
जब हाथों में तेरा हाथ न रहे।
हमने अपने मज़मून जला दिए है गंगा में ,
ताकि बाकि बचा हमारा कोई निशाँ न रहे।
कहने को तो खुदा होता सरपरस्त ,
पर हम तो ठहरे काफिर ,
हम तो कही के यार न रहे।
ऐसे मौसम आगये की
हमदर्द भी गम ख्वार न रहे।
जब से तुमने छोड़ा है हमे ,
हम तो किसी काम न रहे .

• *मज़मून :- खत ,लेख*

7. ख़ता

जिंदगी क्या मोड़ लेगी पता नहीं ,
किस करवट बैठेगी पता नहीं।
मुस्तकबिल में क्या है मेरे पता नहीं ,
कहा है मंज़िल पता नहीं।
हम सफर मेरी हवा है ,
अनजान वादियों से मेरी वफ़ा है।
जब भी लगाया है कही दिल,
टूटा ये दिल कई दफा है।
कोई ख़ता मुझसे हुई नहीं ,
पर लगता है फिर भी कोई मुझसे ख़फ़ा है।

8. अप्सरा

नि:शब्द निस्पृह निश्चेत सी ,
पवन में घुली मादकता है।
तल्लीन होकर उसे निहारे ,
ऐसा उसकी कोमलता है।
बातों में उसके मिश्री घुले ,
आवाज से रस टपकता है।
वो अनिंद्य,अलौकिक अप्सरा ऐसी ,
उसके चलने से यह विश्व,
स्पंदन करता है।
फेर ले जिस ओर नजर ,
शत शत दावानल फटता है।
उसके एक दर्शन को ,
ये यायावर भी तरसता है।

9. परछाई

खालीपन में ये किसने मुझे आवाज लगायी ,
आज दिल को न जाने किसकी याद आई ।
वो मेरा हमदम था ,
और मैं उसका शैदाई।
दो दिल एक जान ,
जैसी हमारी आशनाई।
फिर क्यों मुझसे वो बिछड़ गया ?
दिए बिना कोई सफाई ।
नजरों से ओझल होगया ,
जब खुल गयी उसकी कलाई ।.
आज फिर भी क्यों वीराने में ,
दिखती बरबस उसकी परछाई ।.

10. मृणाल

दफ़्न कर दो घृणा के कंकाल ,
मानवता को अपनी तुम रखो संभाल।
उगाओ कलियाँ सद्भाव की ,
मन में रखो न कोई मलाल।
काम ऐसा करो ,
की फैले तुम्हारा यश अपार,
किसी के दुःख के न कारण बनो,
न ही पालो किसी से रार।
उज्जवल , उद्भासित रहे तुम्हारा नाम ,
हर कोई आदर से करे सलाम।
ऊँगली न उठे किसी की ,
न उठे कोई सवाल।
विराट उचाईयों को स्पर्श करो ,
गर्व से ऊँचा सदैव रहे कपाल।
परिश्रम करो ,
संघर्ष करो ,
हो चाहे कितने ही विपरीत हवाल।
खिलेगा तुम्हारा वर्चस्व भी ,
जैसे कीचड़ में खिलता मृणाल।

11. पस्त

बस पस्त हूँ मै,
अस्त नहीं।
थोड़ा सा चटका हूँ ,
पर हुआ अभी ध्वस्त नही।
अभी सफर है लम्बा मेरा ,
पर मुझे कोई कष्ट नहीं।
मेरी दश्तों से यारी है ,
मेरे ठोकरों से यारी है।
ये तो अभी आगाज़ है ,
कर सकता गति अपनी सुस्त नहीं।
विघ्न भी है बाधाएं भी ,
पर कर सकते ये मुझे त्रस्त नहीं।
मैं अम्बर का हूँ स्वर्णिम भास्कर ,
हो सकता कभी मैं अस्त नहीं।

12. फ़लसफ़ा

जो पीछे छूट गया उसे मुड़कर देखना क्या ,
जो साथ सफर में बिछड़ गया ,
उसे पलटकर देखना क्या।
जो हाथ में है उससे ही अब संतोष कीजिये ,
जो हाथ से निकल गया उसे सोचना क्या ?
किस्मत के खेल है पैसा और मिटटी ,
किसे क्या मिला सोचना क्या।
अंत में खाक ही होना है ,
ये रुतबा ये शोहरत ।
ऐसे चीज़े पे फिर ,
गुमान करना क्या।
सबको मिलती है अपने हिस्से की मिलकियत ,
दूसरे के वैभव से फिर जलना क्या।
ख़ाली हाथ आये है ,
ख़ाली हाथ जाना है ,
इस मुक्तसर सी जिंदगी में ,
बैर किसीसे रखना क्या।

13. अंतर

अकीदो में अंतर रहने दो ,
तुम इंसान को इंसान रहने दो।
मत चाहो हर कोई तुम्हारे जैसा बन जाये ,
जूही को जूही ,गुलाब को गुलाब रहने दो।
खुदा तो मिलजाता है मयखानो में भी ,
ये गंडे ताबीज़ तिलक रोली रहने दो।
मत खाओ धर्म की कसमें,
मत पढ़ो तुम मसीहो के क़सीदे ,
अतीत को अतीत के,
गर्त में तुम रहने दो।
बेशक्ल भीड़ में अपना वजूद न तलाशो ,
तुम अपना अस्तितित्व पृथक रहने दो।
मत बनो मुर्दा लाशे,
जो हाथ में उठा ले तलवारे ,
बुद्धि विवेक को अपने तुम ,
सचेत रहने दो।
दंगे में शामिल होकर ,
अपनी व्यक्तिगत भड़ास न निकालों ,
तुम गाँधी आजाद के नस्ल हो ,
ये कायरता तुम रहने दो।
मत बाटो जाति,पंथ ,भाषा में लोगो को ,
हम भारतीय है ,हमे भारतीय रहने दो।

14. अभ्यर्थना

याचक की जब अभ्यर्थना ,
होजाती अस्वीकार है।
कुरुक्षेत्र का युद्ध फिर ,
दोहराता इतिहास है।
जब न्याय की गुहार में ,
पिसता इंसान दिन रात है ,
फिर एके 47 की ,
राइफल करती आवाज है।
जब अधिकारों की लड़ाई में ,
टपकता शोणित सुर्ख लाल है।
तब तब कोई क्रांति ,
करती अट्ठहास है।
जब शोषित दमित उठता ,
बांध साफा , मोड़ आस्तीन ,
तब तब राज प्रासादों के
टूट जाते किवाड़ है।
जो सोये रहते है खुमारी में ,
वे होजाते बेताज है।
जब जब कोई द्रौपदी ,
होती शर्मसार है ,
तब तब श्री कृष्णचन्द्र का ,
चक्र करता विनाश है।
यही इस जगत का ,अनादि काल रिवाज है।

15. साथ

इंसां जब तनहा होता है ,
परेशानियों में घिरा होता है।
खुद को देख नहीं पाता वो दर्पण में ,
नजर चुराता है वो स्वयं से।
उस वक़्त उसे जरूरत होती है ,
किसी के साथ की ,
किसी के मीठे अल्फ़ाज़ की।
एक तसल्ली की ,
एक हौसले की ,
जो उसे फिर से उठा दे ,
जिला दे ,
प्राण फूंक दे ,
उसके मृतप्राय उत्साह में।
करदे संचार रक्त का
ठंडी पड़ चुकी धमनियों में।
बस एक अदद सहारा ही ,
उस बेबस की दरकार है।
एक सानतवना भरा हाथ ,
कोई रख दे उसके कंधो पर।
जी उठे गा वो अपने कबर से ,
मुक्त होजाएगा अपनी ग्रंथियों से।

16. बेचैनी

कैसी है ये कश्मकश
कैसी ये बेचैनी है ,
इस रात के गुबार में ,
कोई तो बेकसी है।
आकाश भी है वीरान और ,
दिशायें भी अँधेरी है।
सुलग रही है सीने में सांसें ,
पर बाहर रात घनेरी है।
कैसा है ये सूनापन ,
किसकी ये कमी है।
नींद भी है पलकों से ओझल ,
दिल में मची खलबली है।
दिलबर के दिलदार की ,
आस फिर जगी है ,
घडी के काँटों पर ,
आंखें ये गड़ी है।
मिलन का आगाज़ है ये ,
दूरियां सब अब पटी है।

17. तुम्हे लड़ना होगा

अब तुम्हे जलना होगा।
अब तुम्हे लड़ना होगा।
अन्याय ,अनुचित के विरूद्ध ,
अब तुम्हे बोलना होगा
अब तुम्हे लड़ना होगा।
हो चाहे समुद्र सी खाई,
या चक्रवात पीड़ा दायी ,
अब घर से तुम्हे निकलना होगा ,
अब तुम्हे लड़ना होगा।
हो मार्ग दुर्गम ,या पथ भयावह ,
हो चाहे बाधाएं भयानक ,
अपने डरों से तुम्हे भिड़ना होगा ,
अब तुम्हे लड़ना होगा।
बैठे बैठे कोई पाता अमृत नहीं ,
गर चाहते हो अमृत ,
तो विष तुम्हे मथना होगा ,
अब तुम्हे लड़ना होगा।
तुम्हारा हार पराजय पे बस नहीं,
था कल जो वो अब नहीं ,
परिवर्तन के इस सांचे में ,
अब तुम्हे भी ढलना होगा।
अब तुम्हे लड़ना होगा। -2

18. कांच

अब न मुझे खुमारी है ,
न बाकि किसी से यारी है।
बस टूटा हुआ कांच हूँ ,
जिसकी जगह कूड़ेदानी है।
जब तक शीशे में था ,
लोगो के काम का सामान था ,
जो बिखर गया हूँ ,
तो खटकती मेरी निशानी है।
अब किसी से क्या गिला रखूं ,
किसी पर क्या इलज़ाम धरूँ,
जब अपने ही हाथो ही करली मैंने ,
अपनी ही बर्बादी है।

19. वस्ल

मुझे उसका हाथ पकड़ना है ,
और फ़िज़ा में रंग भरना है।
तितलियों के बागबान में ,
कुछ पल ठहरना है।
मुझे उसके हाथो को चूमना है ,
अपने हाथों में लेकर ,घूरना है।
उसके संग अम्बर में तारें गिनना है।
कार की डिग्गी खोल कर ,
व्हिस्की के पेग घोलना है।
जो मैं कभी न बोल पाया ,
ऐसी हर बात बोलना है।
मुझे जज़्बात - ए- वस्ल ,
खोलना है।
उसके खुले बालों की ,
रूह में महक भरना है।
उसके पोशीदा तन को ,
रूहानियत से भरना है।
उसके गोद में सर रख कर ,
सुकून की नींद सोना है।
मुझे उसका हाथ पकड़ना है -2

20. बेबस

कश्मकश है, असमंजस है,
इंसान कितना बेबस है।
कहने को आजाद है,
पर फिर भी कितना बेकस है।
खोल के रखे है, दिल के दरवाजे,
फिर भी अंदर कितनी वहशत है।
अदृश्य बेड़ियों में जकड़ा,
अपनी परिस्थितियों से,
अधूरेपन की सोहबत है।
ज़माने में रहकर भी,
फिरता है मारा मारा,
बताओ ये कैसी मज़बूरी,
कैसी ये मुसीबत है।

21. दीद

आज फिर तुम्हारे दीद का तकाजा है ,
चाँद को भी एक दर्पण की अभिलाषा है।
घने खुले केशों में ,
मिलती मधुबन की परिभाषा है।
दमकते चेहरे पर ,
सजती नथ बहुत ज्यादा है ,
हाथो में मेहँदी ,
जैसे भवरों को बुलावा है।
पैरो में नूपुर ,
हाथों में चूड़ियां ,
बिखेरती प्रकाश और आभा है।
कानों की बालियाँ,
माथे का झूमर ,
सुंदरता की पराकाष्टा है।
देदीजिये अब दर्शन मोहे,
किस बात की प्रत्याशा है ,
संसार से अधिक सुन्दर तो ,
आपकी अधर बिपाशा है।

22. ख़लिश

खुश्क सी कुछ फ़िज़ा है ,
खुश्क सी उसकी रजा है।
दो दिलों के बिच खींची ,
कैसी ये ख़लिश बा सजा है।
किसके अरमान में खोयो हो ,
ये किसकी इल्तिज़ा है।
हमारे सीने में किसने ये ,
मढ़ा दूसरों का कर्जा है।
उसने हमको मुड़कर देखा ,
ये उनका इनाम ए मुर्तज़ा है।
वरना तो हमारी मोहब्बत की ,
मियाद होगयी कज़ा है।

23. बेनजीर

सोचता हूँ उसको तो ,
एक हसीं ख्वाब लगती है।
फूलों की क्यारी में ,
गुल गुलाब लगती है।
सादगी उसकी ,
बेनजीर आशार लगती है।
जब रूठ जाये तो ,
बर्क़ सी कमाल लगती है।
सितारों के जहाँ की ,
मल्लिका - ए-ताज लगती है।
मोहब्बत की मूरत वो ,
एक हीरा नायाब लगती है।

24. खोल दो

खिड़कियाँ खोल दो ,
धूप को अब जगह दो।
बहुत देर से खड़े है दहलीज पे ,
अब दरवाजा खोल दो।
अब चाय की चुस्कियों में ,
हवाओ को घोल दो।
अखबारों के पन्नो में ,
चलो नए आसमान खोल दो।
दीवारों पे लटकी तस्वीरें ,
है मोहताज नए दर्शकों की।
अब तालों में जंग लग गयी है ,
चलो अब बंद किवाड़ खोल दो।

25. खुमारी

किसी को दौलत का नशा है ,
किसी को शोहरत की खुमारी है।
सब डूबे है अपने अहम् में ,
सबकी अपनी बेखयाली है।
न दिन का चैन है ,
न रातों की है नींद ,
बस झूठे सराब के पीछे ,
लूट जाने की ये कहानी है।
दौड़ में आगे बढ़ने की ,
हवस सबपे भारी है।
कौन पीछे रह गया ,
ये बात ही बेमानी है।
रह रह कर उस बेवफा का ,
अक्स याद आता है।
टूटे दिल के अरमानों की ,
ये मुक्तसर कहानी है।

- १)सराब - छलावा , रेगिस्तानी मृग मरीचिका ;

- २)मुक्तसर -छोटा

26. प्यार करो

प्यार करो इसरार करो ,
दिल से दिल की बात करो।
पी से नैना लड़ाके,
नैना दो से चार करो।
इशारों में भी इज़हार करो ,
कभी छुपके कभी खुलके ,
तुम प्यार करो।
जिस्म का नहीं ,
रूह का कारोबार करो।
इत्र - ए - मोहब्बत से ,
आबाद तुम दिल का बाग़ करो।
रूहानी चाशनी से रौशन ,
जज़्बातो का मर्तबान करो।
तोड़ के बंदिश ,
तोड़ के कायदे ,
आओ चलो तुम प्यार करो।

27. होली

होली का पर्व है आया ,
जान मानस में खुशियां है लाया।
बरसों बाद ख़ुशी का ,
ऐसा कोई पर्व है आया।
हवा में रंग ,पानी में रंग ,
दशों दिशा में हो जाये रंग ही रंग।
अबीर ,गुलाल ,फाल्गुनी छन्दो से ,
होजाये सारा जमाना मलंग।
पीके मस्ती की भंग,
सबको चढ़ जाये होली का रंग।
छख के पियो ठंडाई ,
छक के मारो पिचकारी।
सालो बाद देखो भाई,
होली है आयी।
खेल लो अच्छे से ,
बाद में न पछतायी ।
फाल्गुन का नशा करलो ,
और चढ़ जाने दो होली का खुमार।
सारे मिलके गाओ तराना ,
सुरमयी राग बहार।
सुरमयी राग बहार गाओ ,
सुरमयी राग बहार।
और चढ़ जाने दो सब झनो पर ,
मदहोशी की झंकार। ।

28. मलाल

नजर उनसे मिलते ही ,
उठ खड़े हुए कई सवाल ,
किसी पुराने मोड़ पर
छूट गए थे जो सवाल .
अदाओं में आगयी ,
फिर पुरानी वही चाल .
हम तो बेहाल थे ,
अब होगये और बदहाल .
वो अब किसी और शहर में रहते है ,
ये हमे भी है ख्याल .
हमे जो लोग जानते है,
तो उनके ही जानिब ए जमाल ,
अब जो वो हमसे जुदा हो गए ,
तो सर पर रहता है हर वक़्त एक मलाल .

- *मलाल - पछतावा*

29. क्यों नहीं होते

तुम मेरे खयालो से
रुख़्सत क्यों नहीं होते।
ये मेरे दिल में ,
तुम्हारे जलजले ख़तम क्यों नहीं होते।
यूँ तो लाखो हसीं है ,
ज़माने में फिर भी ,
तुम्हारी यादों के सिलसले
ख़तम क्यों नहीं होते।
इतने भी तो तुम मेरे पास न थे ,
हम भी तुम्हारे लिए खास न थे ,
पर फिर भी गैर की बाँहों में ,
तुम हज़म क्यों नहीं होते।
इन्ही बातों में उलझ के ,
कट रहे मेरे दिन और रात ,
की ख़तम तुम्हारे,
किस्से क्यों नहीं होते।

30. दस्तूर

लोग चेहरे पर कुछ ,
पीछे कुछ और होते है।
जो खबरों में होते है ,
वही बेखबर होते है।
इस दिल की मज्जमत क्या कीजिये ,
जो बेवफा होते है ,
वही सबसे अजीज होते है।
दस्तूर- ए -वफ़ा है हिज्र तो ,
जो सबसे दूर होते है ,
वही सबसे करीब होते है।
मिलना बिछड़ना तो है
कायनात के खेल ,
यहाँ पर तो ,
किस्मत से दिलो के मेल होते है।
दुनिया में यूँ तो है इल्मदार कई ,
पर यायावर के कहे सब कौल,
बड़े अनमोल होते है।

- *कौल:- कथन*
- *मज्जमत :- बुराई , नींदा*

31. दयार

जिस्म से ऊपर उठो ,
रूह तक पहुँचो ,
पानी की गहराई जानना है ,
तो दरिया के मुँह तक पहुँचो।
गर सच में इश्क़ है ,
तो जूनून तक पहुँचो।
दुनिया कब की पहुंच चुकी चाँद पर ,
तुम भी कभी मेरे घर तक पहुँचो।
अरसे से करते आये हो वफ़ा की बातें,
अब तो तुम किसी अंजाम पर पहुँचो।
तुम्हारी रजामंदी में मेरी भी हां है ,
अब चलो मुकम्मल फैसले पर पहुँचो।
कभी खुद को देखना तुम ,
मेरी आँखों से ,
और फिर तुम मुझतक पहुँचो।
जब सजदे होजाये बेअसर सारे ,
तो लेके चिराग आशिक़ो की मजार पर पहुँचो।
मुस्तकबिल तक तो सब पहुंचते है ,
पहुंच पाओ तो कभी बेसबब मेरे दयार तक पहुँचो।

32. शैदाई

तेवर में बगावत चाहिये ,
जिगर में ताकत चाहिए।
दिल में हौसला ,
और आँखों में हिमाकत चाहिए।
तख़्त पलटा दे जो बादशाहो का ,
वो चाणक्य सी अदावत चाहिए।
पाक नियत पाक करम ,
जुबान पे सदाकत चाहिए।
मैं मोहताज़ नहीं किसी का ,
बस एक उसकी इज़ाज़त चाहिए।
प्यासा भटक रहा हूँ मैं ,
मुझे साकी तेरी सोहबत चाहिए।
है मंजूर हर सजा,
राह ए वस्ल में हमे ,
कैस पर नाजिल ,
मुझे हर तोहमत चाहिए।
और न शोहरत ,न खुदाई ,न दौलत का ख्वाब मुझे।
मैं उसका शैदाई,
मुझे बस उसकी मोहब्बत चाहिए।

- शैदाई :- प्रेमी

33. सोचता हूँ

तुम्हारे बारे में जब सोचता हूँ ,
तो एक तिलिस्म सोचता हूँ।
अपने तस्सवुर में,
तुम्हे बस अपने साथ सोचता हूँ।
जब कुछ नहीं सोचता ,
तो भी तुमको बेशुमार सोचता हूँ।
मैं यूँ ही खयालो में ,
न जाने क्या क्या सोचता हूँ।
दिल कश नज़ारो में ,
तुम्हे पास सोचता हूँ।
मैं आजकल कुछ नहीं करता ,
बस तुम्हे दिन रात सोचता हूँ।

34. नहीं होता

माँ की डाँट से बड़ा ,
दुलार नहीं होता।
बाप की फटकार से बड़ा ,
प्यार नहीं होता।
बहन के तानों से बड़ा ,
सत्कार नहीं होता।
भाइयों की गालियों से बड़ा ,
कोई व्यवहार नहीं होता।
दोस्तों से बड़ा हरामी ,
कोई किरदार नहीं होता।
प्रेयसी की मुस्कान से बड़ा कोई ,
इक़रार नहीं होता।
बात चित के लिए हर वक़्त ,
भाषा की नहीं होती जरुरत ,
दिलो के संपर्क के लिए ,
कोई तार नहीं होता।

35. अमृत

जब से तुमसे मिला हूँ ,
अंदर से मैं खिला हूँ।
जैसे सूर्य किरण से ,
सराबोर किसी सरोवर में ,
किसी हंस से मिला हूँ।
तुम्हारा आँचल से ,
छूकर जो हवा गुज़री।
मैं आज भी वही पर
ठिठका हूँ।
तुम्हारी खोज में ,
बाग़ वन उपवन में
भटका हूँ।
कभी कली,कभी फूल ,
कभी पेड़ से लटका हूँ।
मैं तुम्हारी खोज में ,
द्वारे द्वार भटका हूँ।
कभी इस डगर ,कभी उस डगर ,
जगह जगह विचरा हूँ।
अब सबसे नाता तोड़ ,
सिर्फ तुमसे आ जुड़ा हूँ।
अब प्रतीक्षा समाप्त हुई ,
जिस अमृत को ढूंढा जग में ,
उसे अपने ही अंतस में मिला हूँ।

36. दुनियादारी

दुनिया की निगाह में हूँ ,
या गैर की पनाह में हूँ ,
समझ नहीं आता मुझे ,
की ये किस जहाँ में हूँ।
आईना भी अब कहता है मुझसे ,
की किस के गम गुबार में हूँ।
जब परखने चल पड़ता हूँ रिश्तों को ,
तो पाता खुद को जंजाल में हूँ।
अब दुनियादारी की रिवायतों को ,
डालता मैं कूड़ेदान में हूँ।
अहसास - ए-रूहानियत को बस ,
मैं पाता मैकदे के जाम में हूँ।
इंसान की औकात अब ,
बस देखता धन की कमान में हूँ।

- *अहसास - ए-रूहानियत:- आत्म अनुभव , अंतस का स्वाद*

"

37. आज

हर एक को यहाँ ,
किसी की तलाश है।
किसी को दौलत ,
किसी को शोहरत ,
तो किसी को हमसफ़र की दरकार है।
हर कोई लिए चल रहा है ,
अपनी ही एक दुनिया ,
जिस दुनिया का वो ,
मालिक बेताज है।
करने को अपना कद ऊँचा ,
वो बड़ा बेताब है।
अपनी आम जिंदगी में उसे ,
चाहिए कुछ ख़ास है।
इसी सपने को करने पूरा ,
वो खो रहा अपना आज है।

38. मंजर

अब हर मंजर बेजार नजर आता है ,
हमे हर ओर एक बाजार नजर आता है।
मोल भाव और तोल-मोल का ,
एक रंगीन कारोबार नजर आता है।
बिके हुए ईमान ,नीलाम हुई ज़मीरे,
यही सब बार बार नजर आता है।
किसका करे ऐतबार ,किसका हो यकीं ,
हमे तो हर चेहरा ही अनजान नजर आता है।
सोचा था की पाएंगे दिल का सुकून ,
पर यहाँ तो हर दिल ही परेशान नजर आता है।
कहा हो फ़रियाद ,किससे करे गुहार।
यहाँ तो ता हद -ए-नजर एक बियाबान नजर आता है।
देख रहे है एक अरसे से सियासत को ,
कैसा ये बढ़िया मजाक नजर आता है।
अब मिजाज -ए -हुकूमत की परछाई में ,
हमे जम्हूरियत का इंतकाल नजर आता है।

39. क्या मिलेगा

क्या कोशिशों का सिला मिलेगा ?
क्या मुद्दतो बाद कोई अपना मिलेगा।
जिन्हे देखते आये है चिलमन के पार ,
क्या वो पहलु में बैठा मिलेगा।
इस अनिश्चित जिंदगी में ,
न जाने किसे क्या मिलेगा।
जिन्होंने नींव बनायीं बुनियाद बनायीं ,
क्या उनको उनका हक़ मिलेगा ?
जो सलवटे पड़ गयी है रिश्तों में ,
क्या उन्हें खींचने का मौका मिलेगा ?
समुद्र के एक छोर पर खड़ा है मुसाफिर ,
क्या उसे उसके मंजिल का पता मिलेगा ?

40. ताना बाना

सामाजिक तानो बानों में ,
मोह माया के जालों में ,
पीस रहा है इंसान ,
अंतद्र्वंद के पालों में।
इत् उत् डोल रहा है ,
जैसे गेंद उछालो में।
उलझा हुआ है ऐसे जैसे ,
पतंगा मकड़ी के जालों में।
खोज रहा है राह वो ,
मयखाने के प्यालो में।
उलझा हुआ है बिचारा ,
खुद के ही बनाये सवालों में।

41. राज़

राज़ जो भी है खुलने चाहिए ,
गड़े मुर्दे अब बोलने चाहिए।
सच पर धूल बैठ गयी है ,
अब परदे खुलने चाहिए।
बहुत कोहरा है सडकों पर ,
अब धुंध छटनी चाहिए।
वो क़त्ल करके ,
घूमता है आज़ाद।
ये साजिश उसकी ,
अब खुलनी चाहिए।
सिर्फ बातों के नहीं हम कायल ,
सारी कोशिश है की ,
ये आवाम जगनी चाहिए।

42. रस्साकशी

रस्साकशी गुटों की ,
कोई रंग न लाएंगी।
जब छटेगा गुबार तो ,
बस लाशें रह जाएँगी।
गंगा में शोणित घुलेगा ,
यमुना जहरीली होजायेगी।
अहम् की लड़ाई में ,
घृणा जीत जाएगी।
माँ की गोदी ,
बाप की बाहें ,
सूनी होजाएंगी।
वैमनस्यता के ज्वार में बस्तियां डूब जाएँगी ।
जब उठेगी ज्वाला उन्माद की ,
तो बस तबाही लाएगी।
जग जाओ अभी भी वरना,
पीछे नस्ले पछताएंगी।

43. शिक़स्त

वफ़ा करती है तेरी यादें ,
वो जो तू कभी कर न पायी।
प्यार में सब गवाकें,
मैंने शिक़स्त पायी।
रुस्वाई हुई ,बदनामी हुई ,
वो बात अलग ;
दिल का टूटना क्या कम था ,
जो इज़्ज़त भी लुटाई।
तुमसे दिल लगाके ,
ये क्या सजा हमने पायी।
अपने भी हम न रहे ,
न किसी और के हुए शैदाई।

- *शिक़स्त :- हार*

44. क्या करे ?

ये करे या वो करे ,
तुम्ही बताओ हम क्या करे ?
दबी हसरतों के बोझ तले,
जिंदगी कैसे बसर करे।
पामाल पड़ी धड़कनों को कैसे ,
अहसास -ए-मख़्सूसियत में तब्दील करे।
मतलब के ज़माने में ,
जज्बातों का कौन मोल करे।
सदाकत पर चलने वाले ,
क्यों किसी का खौफ करे ?
मौला मुझको तू देना सब्र ,
फिर चाहे तू जो करे।

- पामाल :- बेजान , मरी हुई ,सुस्त
- अहसास -ए-मख़्सूसियत:- ख़ास होने का अहसास

45. मैं कौन हूँ

मैं कौन हूँ ,
मैं क्या हूँ।
मैं एक दबी हुई आवाज हूँ।
दुनिया के शोर शराबे में गुम,
आर्त की पुकार हूँ।
जो बन नहीं सका पूरक,
उस अर्ध का प्रसार हूँ।
रही गूंजती जिसकी सिसकियाँ,
उस प्रेमी की अमर प्यास हूँ।
शोषित,दमित ,पीड़ित ,वंचित ,
सबकी समवेत हुंकार हूँ।
मैं जग की आत्मा का,
एक करुण विलाप हूँ।

पुस्तक के बारे में

इस पुस्तक में कुल 45 कवितायें ,और नज़्म है। पाठकों के लिए कठिन शब्दों के शब्दार्थ उपलब्ध है जिससे पढ़ने में कोई कष्ट न हो।
भाषा खड़ी बोली है। पुस्तक के सम्बन्ध में सुझाव ,आलोचनाएं , समीक्षा सादर आमंत्रित है दिए गए ईमेल पर।
email - Anshulsao1@gmail.com

लेखक की अन्य रचाएं -

सरगोशियाँ (amazon.in,flipkart.com,notionpress.com) पर उपलब्ध .

www.ingramcontent.com/pod-product-compliance
Lightning Source LLC
LaVergne TN
LVHW041637070526
838199LV00052B/3412
9798887332581